colegio
5ch00l

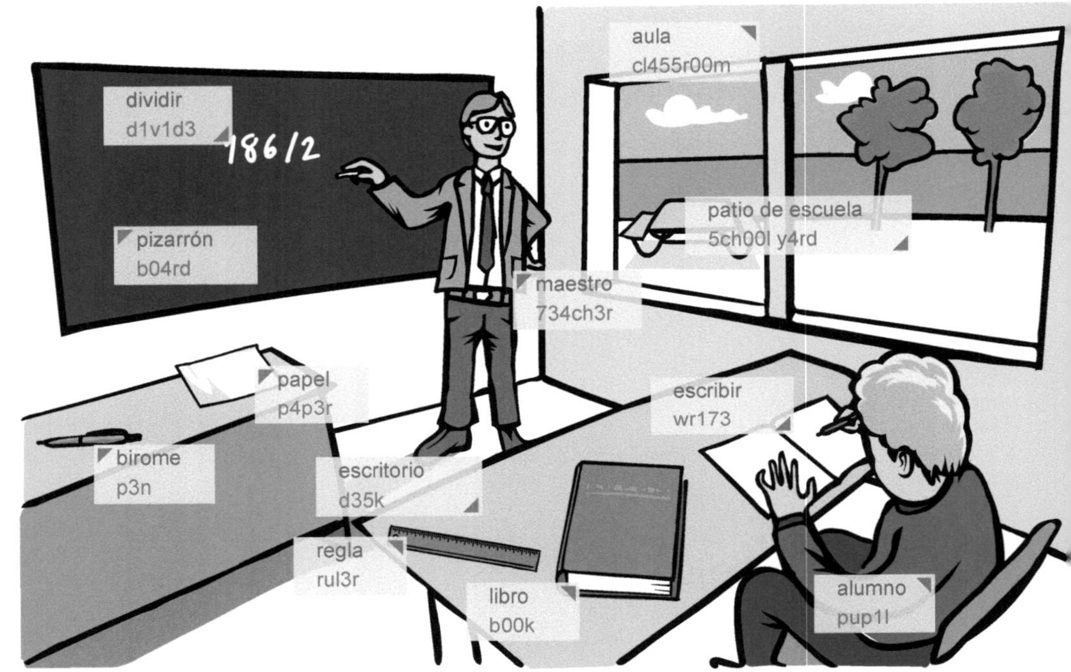

aula
cl455r00m
dividir
d1v1d3
186/2
pizarrón
b04rd
patio de escuela
5ch00l y4rd
maestro
734ch3r
papel
p4p3r
escribir
wr173
birome
p3n
escritorio
d35k
regla
rul3r
libro
b00k
alumno
pup1l

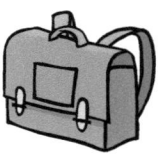

mochila

547ch3l

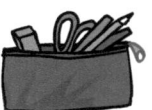

caja de lápices

p3nc1l c453

lápiz

p3nc1l

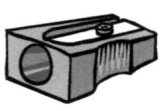

sacapuntas

p3nc1l 5h4rp3n3r

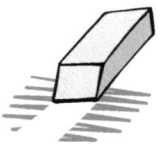

goma (de borrar)

rubb3r

bloc de dibujo

dr4w1n6 p4d

dibujo

dr4w1n6

pincel

p41n7bru5h

caja de pinturas

p41n7 b0x

tijera

5c1550r5

pegamento

6lu3

cuaderno de ejercicios

3x3rc153 b00k

tarea

h0m3w0rk

número

numb3r

sumar

4dd

restar

5ub7r4c7

multiplicar

mul71ply

calcular

c4lcul473

letra

l3773r

abecedario

4lph4b37

palabra

w0rd

texto

73x7

leer

r34d

tiza

ch4lk

lección

l3550n

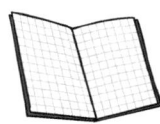

cuaderno de clase

r361573r

examen

3x4m1n4710n

certificado

c3r71f1c473

uniforme escolar

5ch00l un1f0rm

educación

3duc4710n

enciclopedia

3ncycl0p3d14

universidad

un1v3r517y

microscopio

m1cr05c0p3

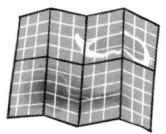

mapa

m4p

tacho (de basura)

w4573-p4p3r b45k37

viaje
7r4v3l

hotel
h073l
Grand
hostel
h0573l
ROOMS
casa de cambio
curr3ncy 3xch4n63 0ff1c3
valija
5u17c453
auto
c4r

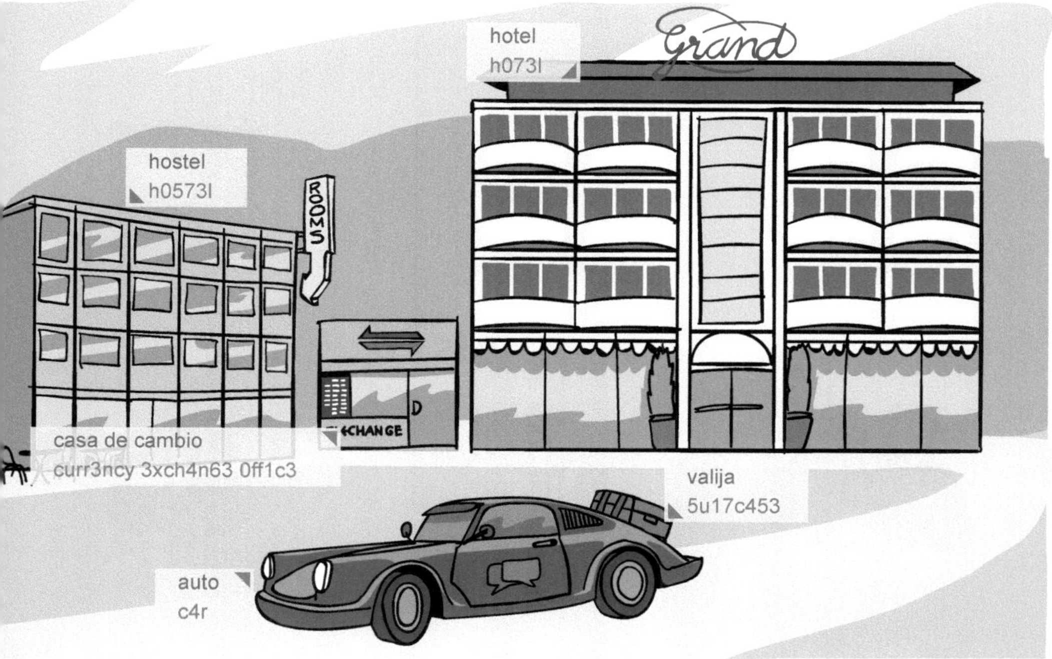

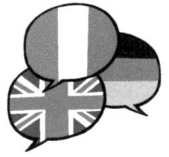

idioma
l4n6u463

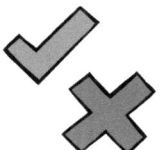

sí / no
y35 / n0

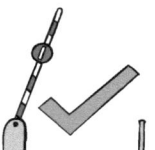

Está bien
0k4y

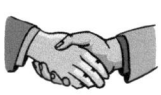

hola
h3ll0

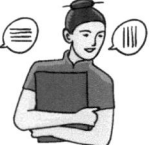

traductor
7r4n5l470r

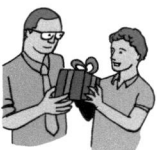

Gracias
7h4nk y0u

¿cuánto cuesta…?

h0w much 15

No entiendo

1 d0 n07 und3r574nd

problema

pr0bl3m

¡Buenas tardes!

600d 3v3n1n6!

¡Buenos días!

600d m0rn1n6!

¡Buenas noches!

600d n16h7!

adiós

600dby3

dirección

d1r3c710n

equipaje

lu66463

bolso

b46

mochila

b4ckp4ck

invitado

6u357

habitación

r00m

bolsa de dormir

5l33p1n6 b46

carpa

73n7

información turística

70ur157 1nf0rm4710n

playa

b34ch

tarjeta de crédito

cr3d17 c4rd

desayuno

br34kf457

almuerzo

lunch

cena

d1nn3r

pasaje

71ck37

ascensor

3l3v470r

sello

574mp

frontera

b0rd3r

aduana

cu570m5

embajada

3mb455y

visa

v154

pasaporte

p455p0r7

transporte
7r4n5p0r7

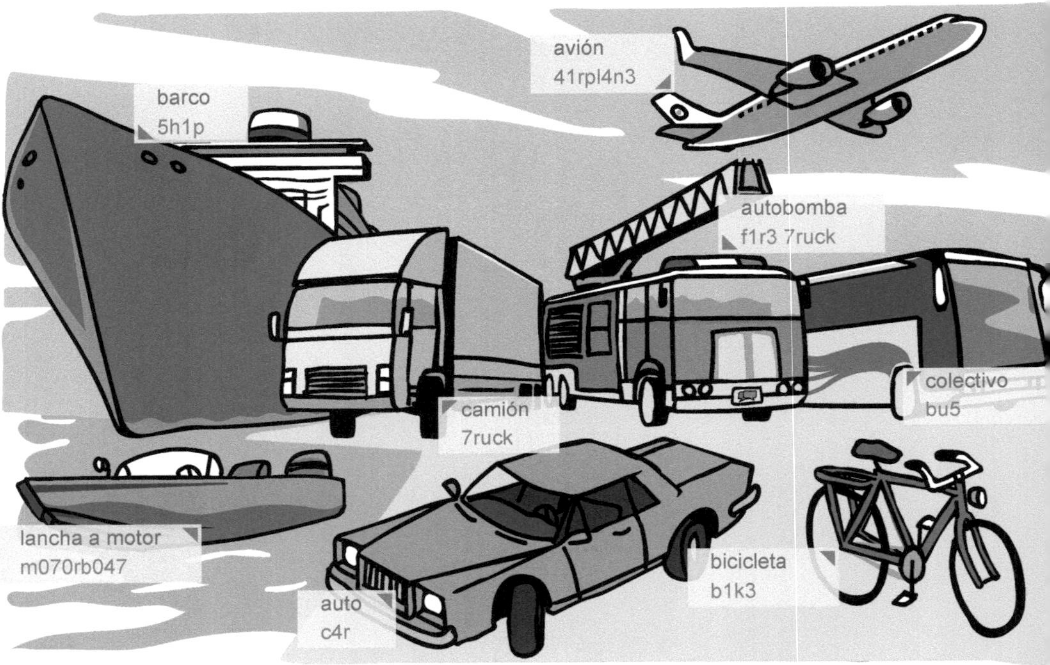

avión
41rpl4n3
barco
5h1p
autobomba
f1r3 7ruck
colectivo
bu5
camión
7ruck
lancha a motor
m070rb047
bicicleta
b1k3
auto
c4r

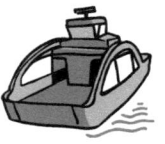

ferry

f3rry

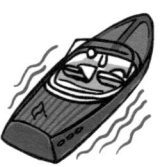

bote

b047

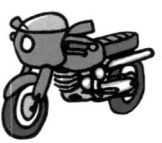

moto

m070rb1k3

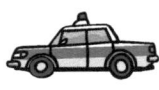

patrullero

p0l1c3 c4r

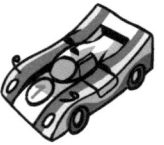

auto de carreras

r4c1n6 c4r

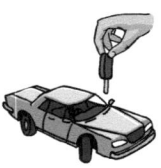

auto de alquiler

r3n74l c4r

alquiler de autos

c4r 5h4r1n6

grúa

70w 7ruck

camión de basura

64rb463 7ruck

motor

3n61n3

nafta

fu3l

estación de servicio

fu3l 574710n

señal de tránsito

7r4ff1c 516n

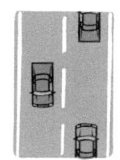

tránsito

7r4ff1c

embotellamiento

7r4ff1c j4m

estacionamiento

p4rk1n6 l07

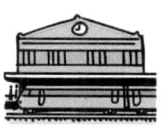

estación de tren

7r41n 574710n

vías

7r4ck5

tren

7r41n

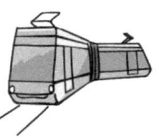

tranvía

7r4m

vagón

w460n

helicóptero

h3l1c0p73r

aeropuerto

41rp0r7

torre

70w3r

pasajero

p4553n63r

contenedor

c0n741n3r

caja de cartón

c4r70n

carretilla

c4r7

canasta

b45k37

despegar / aterrizar

74k3 0ff / l4nd

ciudad

c17y

pueblo

v1ll463

centro de ciudad

c17y c3n73r

casa

h0u53

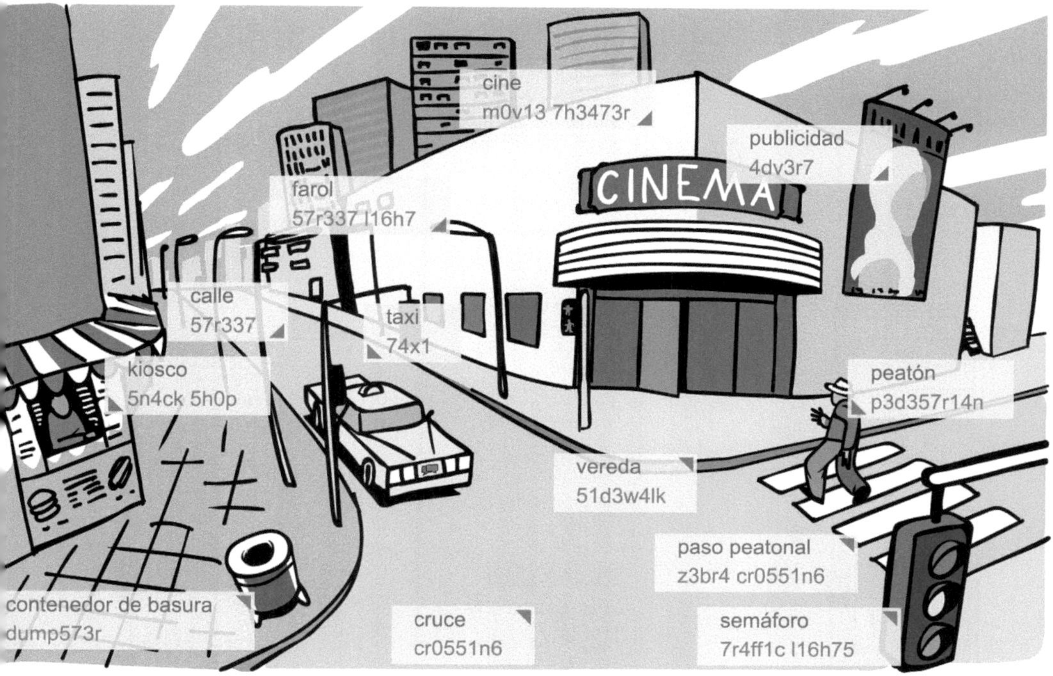

cine
m0v13 7h3473r
CINEMA
publicidad
4dv3r7
farol
57r337 l16h7
calle
57r337
taxi
74x1
kiosco
5n4ck 5h0p
peatón
p3d357r14n
vereda
51d3w4lk
paso peatonal
z3br4 cr0551n6
contenedor de basura
dump573r
cruce
cr0551n6
semáforo
7r4ff1c l16h75

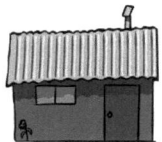

cabaña

hu7

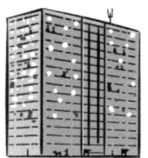

departamento

4p4r7m3n7

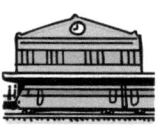

estación de tren

7r41n 574710n

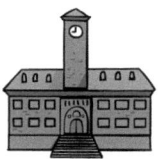

municipalidad

c17y h4ll

MUSEUM

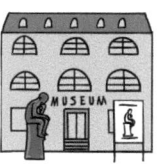

museo

mu53um

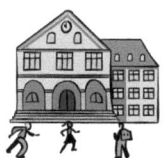

colegio

5ch00l

universidad

un1v3r517y

banco

b4nk

hospital

h05p174l

hotel

h073l

farmacia

ph4rm4cy

oficina

0ff1c3

librería

b00k 5h0p

negocio

5h0p

florería

fl0w3r 5h0p

supermercado

5up3rm4rk37

mercado

m4rk37

grandes tiendas

d3p4r7m3n7 570r3

pescadería

f15hm0n63r'5 5h0p

centro comercial

m4ll

puerto

h4rb0r

ciudad - c17y

parque

p4rk

banco

b3nch

puente

br1d63

escaleras

5741r5

subte

5ubw4y

túnel

7unn3l

parada del colectivo

bu5 570p

bar

b4r

restaurante

r3574ur4n7

buzón

p057b0x

letrero

57r337 516n

parquímetro

p4rk1n6 m373r

zoológico

z00

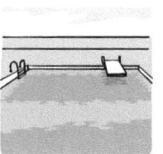

pileta

5w1mm1n6 p00l

mezquita

m05qu3

granja

f4rm

contaminación

p0llu710n

cementerio

c3m373ry

iglesia

church

juegos infantiles

pl4y6r0und

templo

73mpl3

paisaje
l4nd5c4p3

hoja
l34f

poste indicador
516np057

camino
p47h

pradera
m34d0w

piedra
570n3

árbol
7r33

excursionista
h1k3r

río
r1v3r

hierba
6r455

flor
fl0w3r

valle

v4ll3y

montaña

h1ll

lago

l4k3

bosque

f0r357

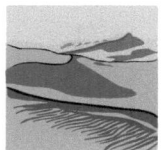

desierto

d353r7

volcán

v0lc4n0

castillo

c457l3

arco iris

r41nb0w

champiñón

mu5hr00m

palmera

p4lm 7r33

mosquito

m05qu170

mosca

fly

hormiga

4n7

abeja

b33

araña

5p1d3r

escarabajo

b337l3

rana

fr06

ardilla

5qu1rr3l

erizo

h3d63h06

liebre

h4r3

lechuza

0wl

pájaro

b1rd

cisne

5w4n

jabalí

b04r

ciervo

d33r

alce

m0053

presa

d4m

aerogenerador

w1nd 7urb1n3

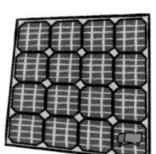

panel solar

50l4r p4n3l

clima

cl1m473

restaurante

r3574ur4n7

mozo
w4173r
menú
m3nu
silla
ch41r
sopa
50up
pizza
p1zz4
mantel
74bl3cl07h
cubiertos
cu7l3ry

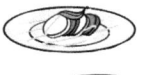

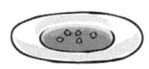

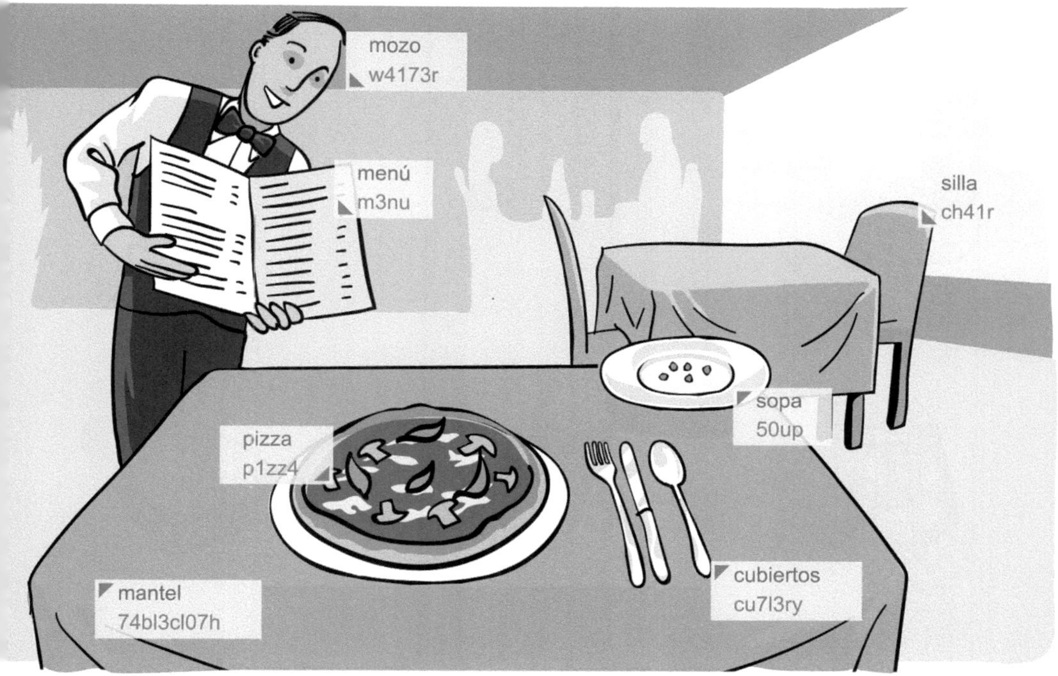

entrada

574r73r

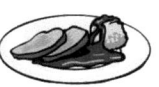

plato principal

m41n c0ur53

postre

d3553r7

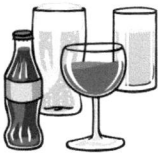

bebidas

dr1nk5

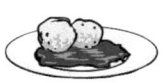

comida

f00d

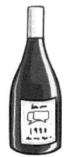

botella

b077l3

comida rápida

f457 f00d

comida callejera

57r337 f00d

tetera

734p07

azucarera

5u64r b0wl

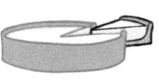

porción

p0r710n

cafetera expreso

35pr3550 m4ch1n3

sillita alta

h16h ch41r

cuenta

b1ll

bandeja

7r4y

cuchillo

kn1f3

tenedor

f0rk

cuchara

5p00n

cucharita

7345p00n

servilleta

53rv13773

vaso

6l455

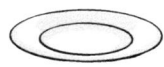

plato

pl473

plato hondo

50up pl473

plato

54uc3r

salsa

54uc3

salero

54l7 5h4k3r

molinillo de pimienta

p3pp3r m1ll

vinagre

v1n364r

aceite

0ll

especias

5p1c35

kétchup

k37chup

mostaza

mu574rd

mayonesa

m4y0nn4153

supermercado
5up3rm4rk37

oferta especial
5p3c14l 0ff3r
FOR
cliente
cu570m3r
lácteos
d41ry pr0duc75
fruta
fru17
changuito
5h0pp1n6 c4r7

BUTCHERS

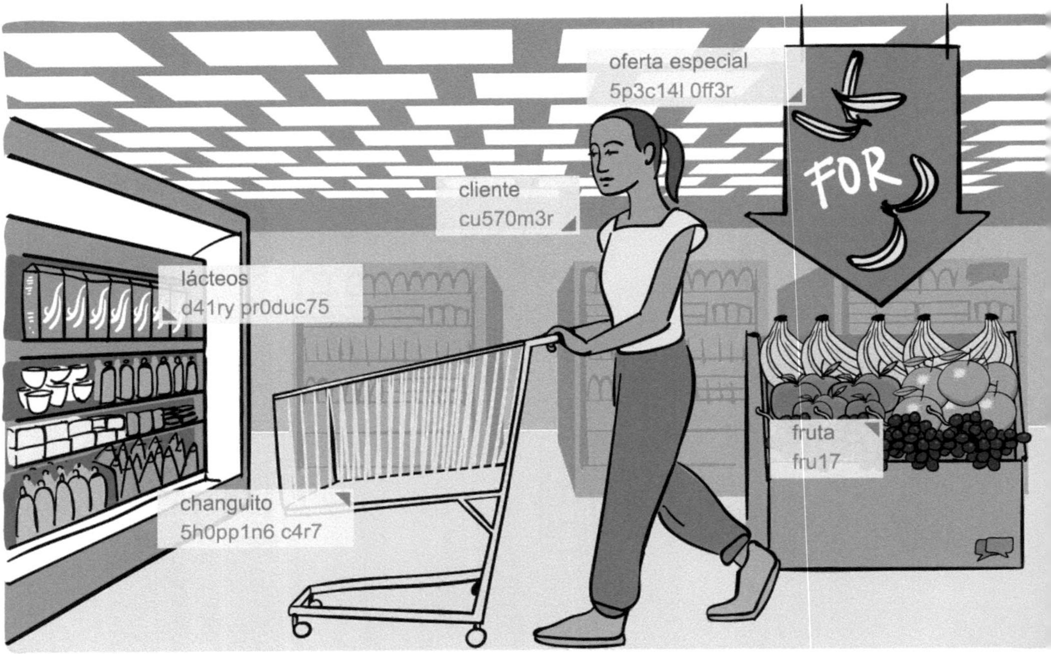

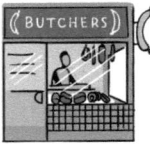

carnicería

bu7ch3r'5 5h0p

BAKERY

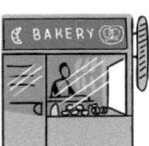

panadería

b4k3ry

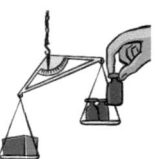

pesar

w316h

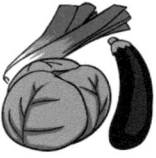

verduras

v36374bl35

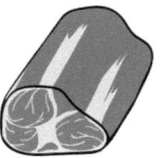

carne

m347

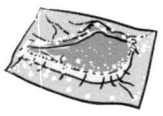

alimentos congelados

fr0z3n f00d

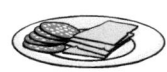

fiambres

c0ld cu75

alimentos enlatados

c4nn3d f00d

detergente en polvo

d373r63n7

golosinas

c4ndy

electrodomésticos

h0u53h0ld pr0duc75

productos de limpieza

cl34n1n6 pr0duc75

vendedora

54l35 r3pr353n7471v3

caja

c45h r361573r

cajero

c45h13r

lista de compras

5h0pp1n6 l157

horario de atención

0p3n1n6 h0ur5

billetera

w4ll37

tarjeta de crédito

cr3d17 c4rd

cartera

b46

bolsa de plástico

pl4571c b46

agua

w473r

jugo

ju1c3

leche

m1lk

bebida cola

c0k3

vino

w1n3

cerveza

b33r

alcohol

4lc0h0l

cacao

c0c04

té

734

café

c0ff33

café expreso

35pr3550

cappuccino

c4ppucc1n0

banana

b4n4n4

manzana

4ppl3

naranja

0r4n63

melón

m3l0n

limón

l3m0n

zanahoria

c4rr07

ajo

64rl1c

bambú

b4mb00

cebolla

0n10n

champiñón

mu5hr00m

nueces

nu75

fideos

n00dl35

tallarines

5p46h3771

arroz

r1c3

ensalada

54l4d

papas fritas

fr135

papas fritas

fr13d p0747035

pizza

p1zz4

hamburguesa

h4mbur63r

sándwich

54ndw1ch

churrasco

35c4l0p3

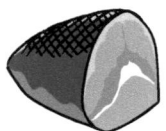

jamón

h4m

salame

54l4m1

salchicha

54u5463

pollo

ch1ck3n

asado

r0457

pescado

f15h

copos de avena

p0rr1d63 0475

muesli

mu35l1

copos de maíz

c0rnfl4k35

harina

fl0ur

medialuna

cr01554n7

pancito

br34d r0ll

pan

br34d

tostada

70457

galletitas

c00k135

manteca

bu773r

cuajada

curd

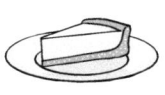

torta

c4k3

huevo

366

huevo frito

fr13d 366

queso

ch3353

helado

1c3 cr34m

azúcar

5u64r

miel

h0n3y

mermelada

j3lly

pasta de chocolate

n0u647 cr34m

curry

curry

granja
f4rm

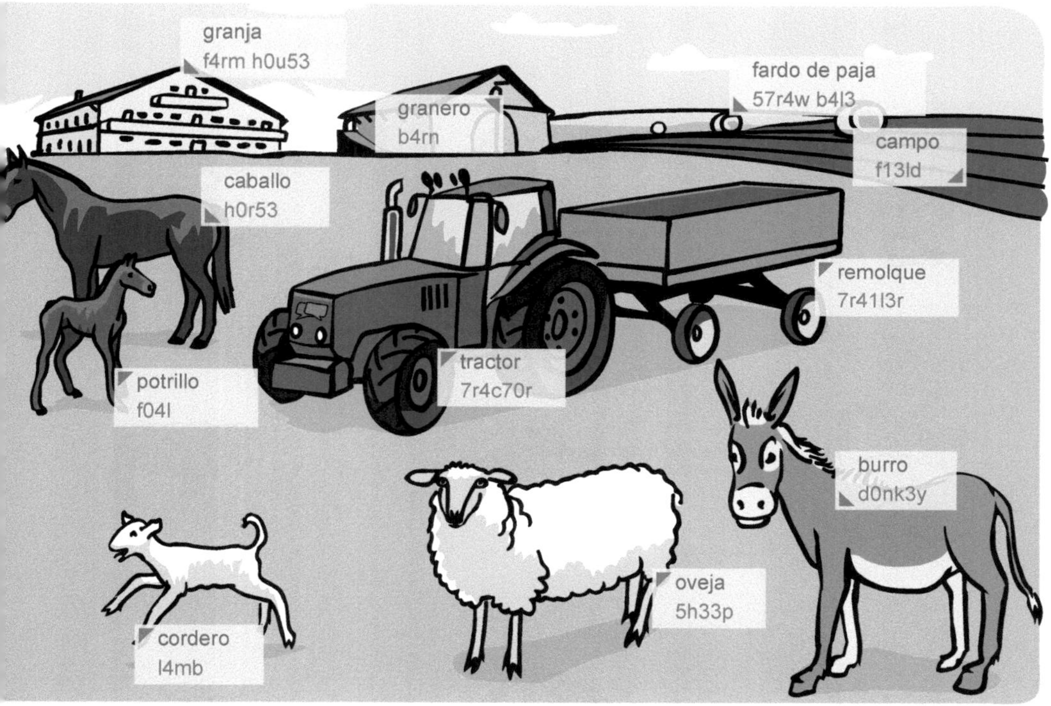

granja
f4rm h0u53
fardo de paja
57r4w b4l3
granero
b4rn
campo
f13ld
caballo
h0r53
remolque
7r41l3r
tractor
7r4c70r
potrillo
f04l
burro
d0nk3y
oveja
5h33p
cordero
l4mb

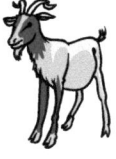

cabra
6047

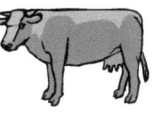

vaca
c0w

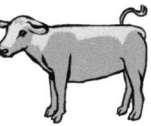

ternero
c4lf

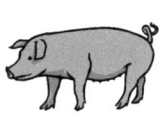

cerdo
p16

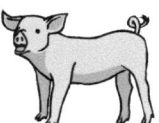

lechón
p16l37

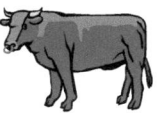

toro
bull

ganso

60053

pato

duck

pollo

ch1ck

gallina

h3n

gallo

c0ck3r3l

rata

r47

gato

c47

ratón

m0u53

buey

0x

perro

d06

cucha

d06 h0u53

manguera

64rd3n h053

regadera

w473r1n6 c4n

guadaña

5cy7h3

arado

pl0u6h

hoz

51ckl3

azada

h03

horquilla

p17chf0rk

hacha

4x3

carretilla

pu5hc4r7

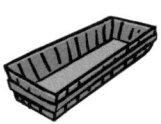

abrevadero

7r0u6h

lechera

m1lk c4n

bolsa

54ck

reja

f3nc3

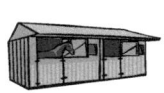

establo

574bl3

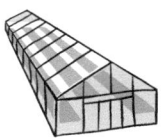

invernadero

6r33nh0u53

suelo

501l

semilla

533d

fertilizador

f3r71l1z3r

cosechadora

c0mb1n3 h4rv3573r

cosechar

h4rv357

cosecha

h4rv357

batatas

y4m5

trigo

wh347

soja

50y4

papa

p07470

maíz

c0rn

semilla de colza

r4p3533d

árbol frutal

fru17 7r33

mandioca

m4n10c

cereales

6r41n

casa
h0u53

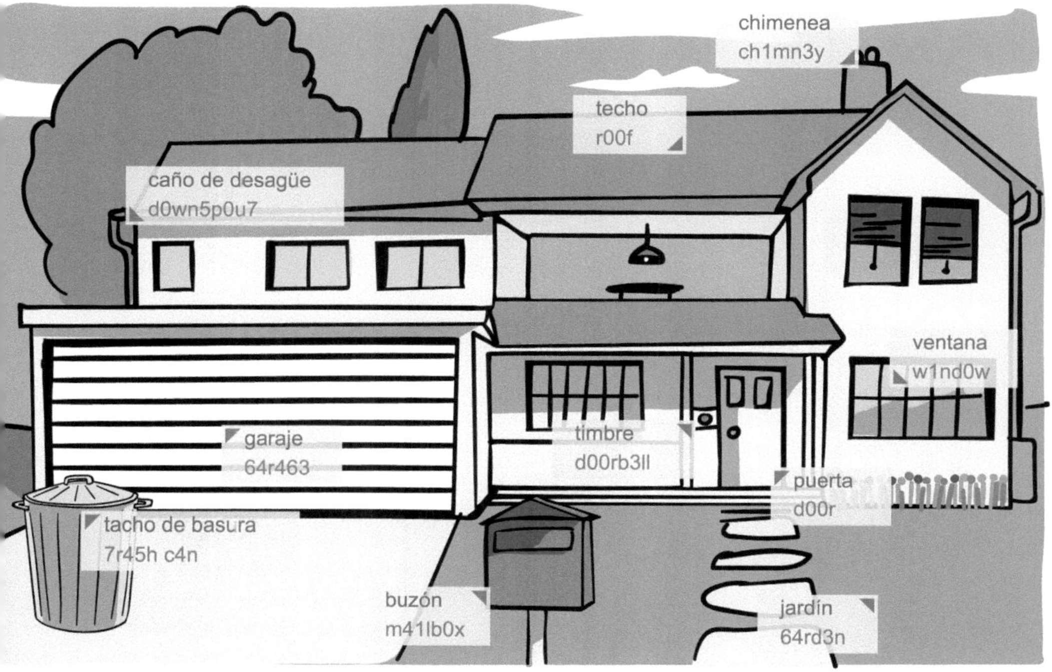
chimenea
ch1mn3y
techo
r00f
caño de desagüe
d0wn5p0u7
ventana
w1nd0w
garaje
64r463
timbre
d00rb3ll
puerta
d00r
tacho de basura
7r45h c4n
buzón
m41lb0x
jardín
64rd3n

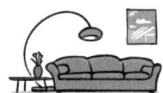

living

l1v1n6 r00m

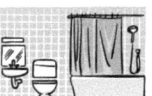

baño

b47hr00m

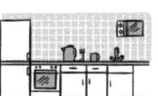

cocina

k17ch3n

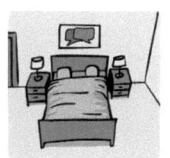

dormitorio

b3dr00m

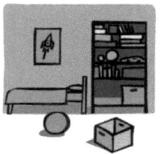

cuarto de los chicos

ch1ld'5 r00m

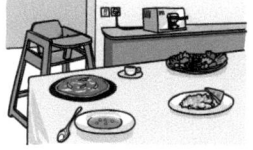

comedor

d1n1n6 r00m

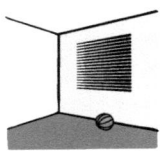

piso

fl00r

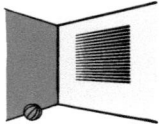

pared

w4ll

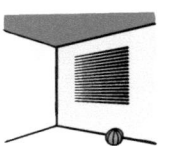

cielorraso

c31l1n6

sótano

c3ll4r

sauna

54un4

balcón

b4lc0ny

terraza

73rr4c3

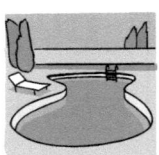

pileta

p00l

cortadora de pasto

l4wn m0w3r

sábana

5h337

acolchado

b3d5pr34d

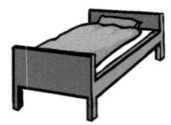

cama

b3d

escoba

br00m

balde

buck37

interruptor

5w17ch

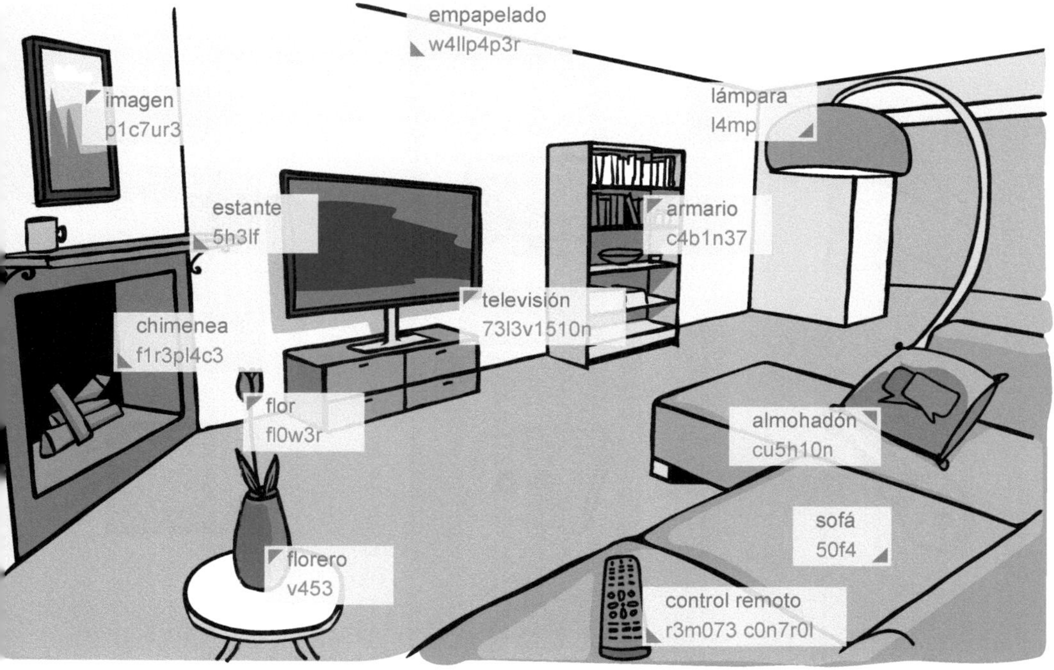

empapelado
w4llp4p3r

imagen
p1c7ur3

lámpara
l4mp

estante
5h3lf

armario
c4b1n37

chimenea
f1r3pl4c3

televisión
73l3v1510n

flor
fl0w3r

almohadón
cu5h10n

sofá
50f4

florero
v453

control remoto
r3m073 c0n7r0l

alfombra
c4rp37

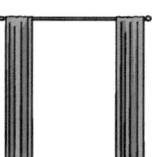

cortina
dr4p3

mesa
74bl3

silla
ch41r

mecedora
r0ck1n6 ch41r

sillón
4rmch41r

libro

b00k

frazada

bl4nk37

decoración

d3c0r4710n

leña

f1r3w00d

película

f1lm

equipo de música

573r30 5y573m

llave

k3y

diario

n3w5p4p3r

pintura

p41n71n6

póster

p0573r

radio

r4d10

cuaderno

n073b00k

aspiradora

v4cuum cl34n3r

cactus

c4c7u5

vela

c4ndl3

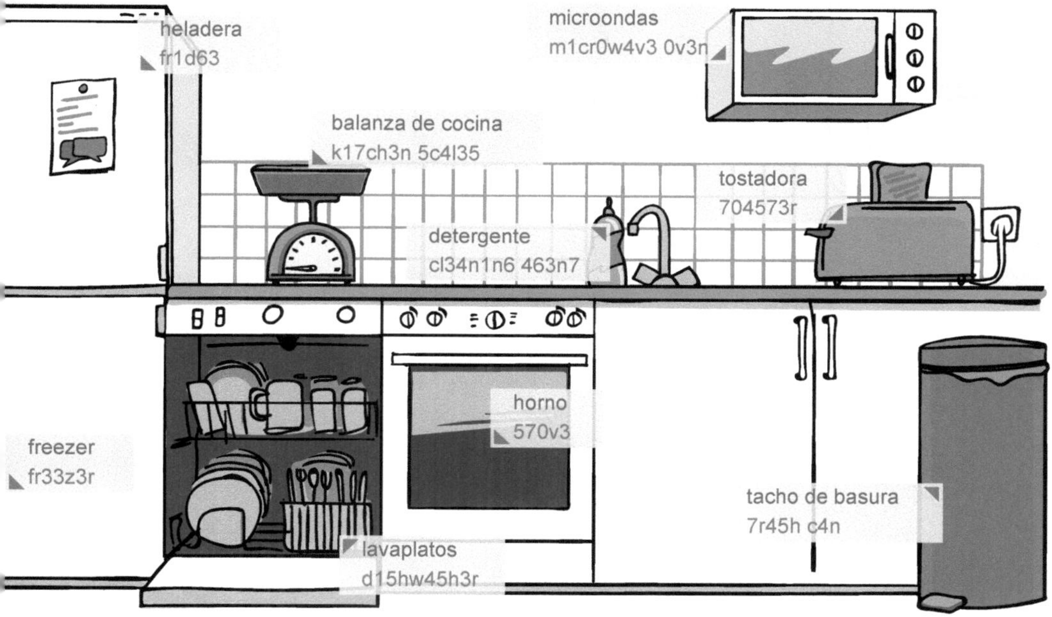

heladera
fr1d63

microondas
m1cr0w4v3 0v3n

balanza de cocina
k17ch3n 5c4l35

tostadora
704573r

detergente
cl34n1n6 463n7

horno
570v3

freezer
fr33z3r

tacho de basura
7r45h c4n

lavaplatos
d15hw45h3r

cocina

c00k3r

olla

p07

olla de hierro fundido

c457-1r0n p07

wok

w0k / k4d41

sartén

p4n

pava

k377l3

vaporera

5734m3r

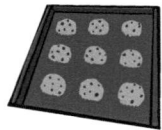

bandeja de horno

b4k1n6 7r4y

vajilla

cr0ck3ry

taza

mu6

bol

b0wl

palitos

ch0p571ck5

cucharón

l4dl3

estpátula

5p47ul4

batidora

wh15k

colador

57r41n3r

colador

513v3

rallador

6r473r

mortero

m0r74r

parrilla

b4rb3cu3

fogata

f1r3pl4c3

tabla de picar

ch0pp1n6 b04rd

palo de amasar

r0ll1n6 p1n

sacacorchos

c0rk5cr3w

lata

c4n

abrelatas

c4n 0p3n3r

manopla

0v3n cl07h

pileta

51nk

cepillo

bru5h

esponja

5p0n63

batidora

bl3nd3r

congelador

d33p fr33z3r

mamadera

b4by b077l3

canilla

74p

baño
b47hr00m

calefacción
h3471n6
toalla
70w3l
ducha
5h0w3r
cortina de ducha
5h0w3r cur741n
baño de espuma
bubbl3 b47h
bañadera
b47h7ub
vaso
6l455
lavarropas
w45h1n6 m4ch1n3
canilla
74p
baldosas
71l35
pelela
p077y
pileta
51nk

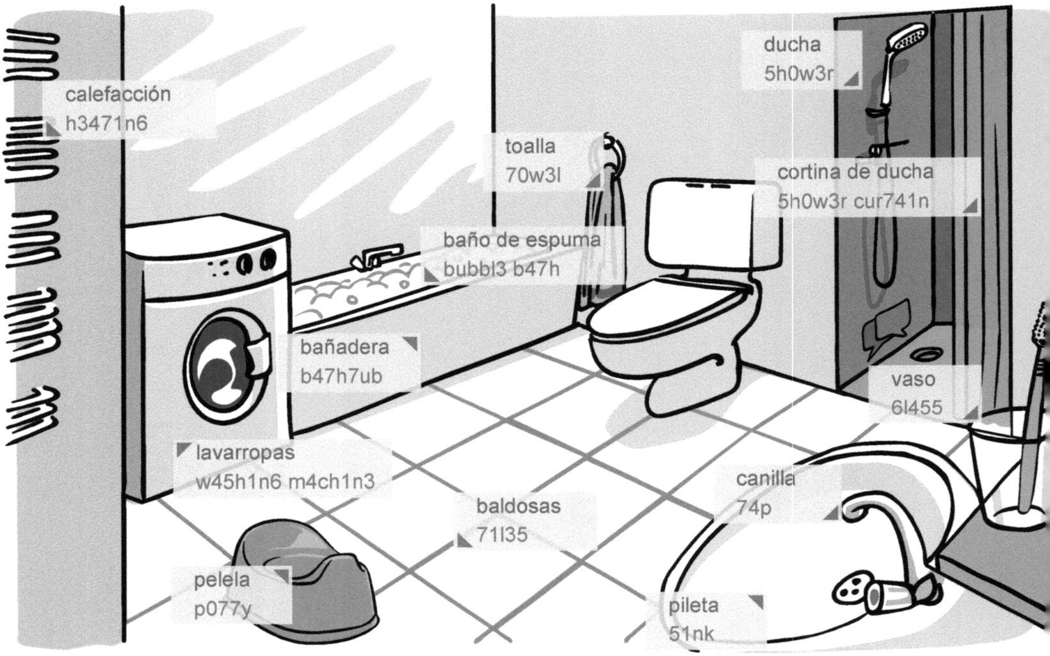

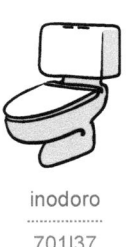

inodoro

701l37

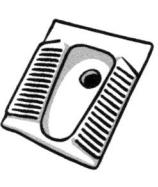

letrina

5qu47 701l37

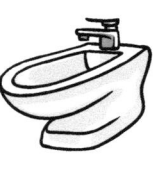

bidé

b1d37

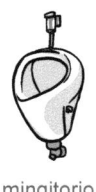

mingitorio

ur1n4l

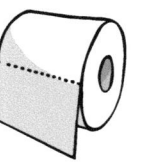

papel higiénico

701l37 p4p3r

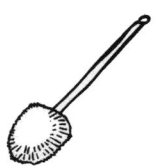

cepillo para el inodoro

701l37 bru5h

cepillo de dientes

7007hbru5h

dentífrico

7007hp4573

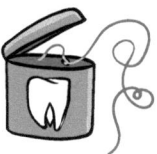

hilo dental

d3n74l fl055

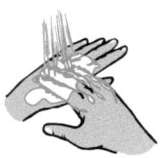

lavar

w45h

ducha de mano

h4nd 5h0w3r

ducha higiénica

d0uch3

palangana

b451n

cepillo para espalda

b4ck bru5h

jabón

504p

gel de ducha

5h0w3r 63l

shampoo

5h4mp00

toallita

fl4nn3l

desagüe

dr41n

crema

cr3m3

desodorante

d30d0r4n7

espejo

m1rr0r

espejito

h4nd m1rr0r

maquinita de afeitar

r4z0r

espuma de afeitar

5h4v1n6 f04m

aftershave

4f73r5h4v3

peine

c0mb

cepillo

bru5h

secador de pelo

h41r-dry3r

spray

h41r5pr4y

maquillaje

m4k3up

lápiz de labios

l1p571ck

esmalte para uñas

n41l v4rn15h

algodón

c0770n w00l

tijera para uñas

n41l 5c1550r5

perfume

p3rfum3

portacosméticos

w45hb46

banqueta

5700l

balanza

w316h1n6 5c4l35

bata

b47hr0b3

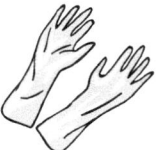

guantes de goma

rubb3r 6l0v35

tampón

74mp0n

toallita femenina

54n174ry 70w3l

baño químico

ch3m1c4l 701l37

cuarto de los chicos
ch1ld'5 r00m

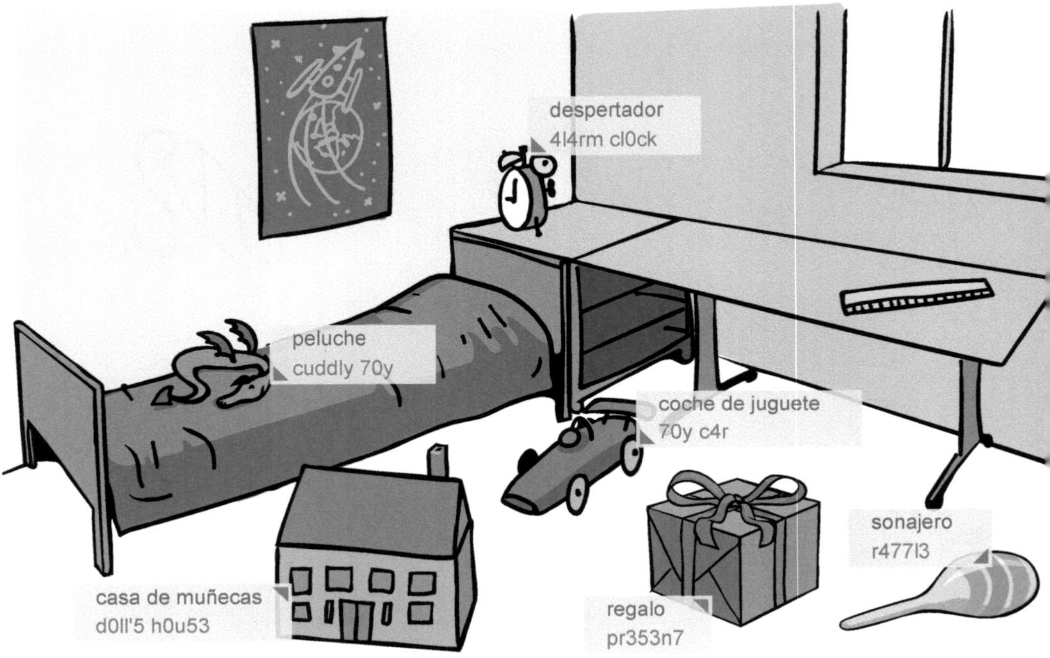
despertador
4l4rm cl0ck
peluche
cuddly 70y
coche de juguete
70y c4r
sonajero
r477l3
casa de muñecas
d0ll'5 h0u53
regalo
pr353n7

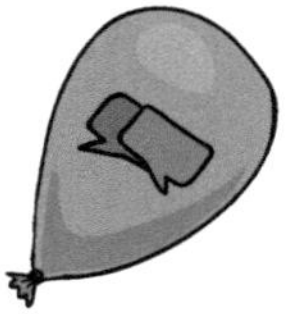

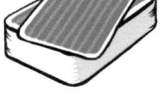

globo

b4ll00n

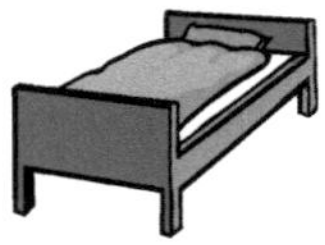

cama

b3d

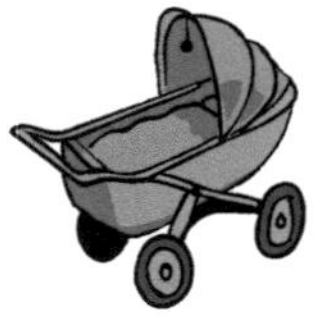

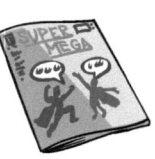

cochecito

57r0ll3r

cartas

d3ck 0f c4rd5

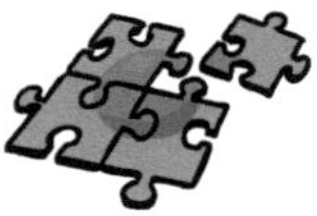

rompecabezas

j1654w

SUPER
MEGA

historieta

c0m1c

piezas de lego

l360 br1ck5

ladrillos de juguete

70y bl0ck5

figura de acción

4c710n f16ur3

enterito (de bebé)

r0mp3r 5u17

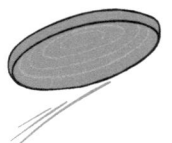

frisbee

fr15b33

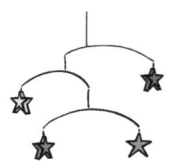

móvil para bebés

m0b1l3

juego de mesa

b04rd 64m3

dados

d1c3

tren eléctrico

m0d3l 7r41n 537

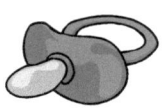

chupete

dummy

fiesta

p4r7y

libro de cuentos ilustrado

p1c7ur3 b00k

pelota

b4ll

muñeca

d0ll

jugar

pl4y

arenero
....
54ndp17

hamaca
....
5w1n6

juguetes
....
70y

consola de videojuegos
....
v1d30 64m3 c0n50l3

triciclo
....
7r1cycl3

osito de peluche
....
73ddy b34r

armario
....
w4rdr0b3

medias
....
50ck5

medias panty
....
570ck1n65

calzas
....
716h75

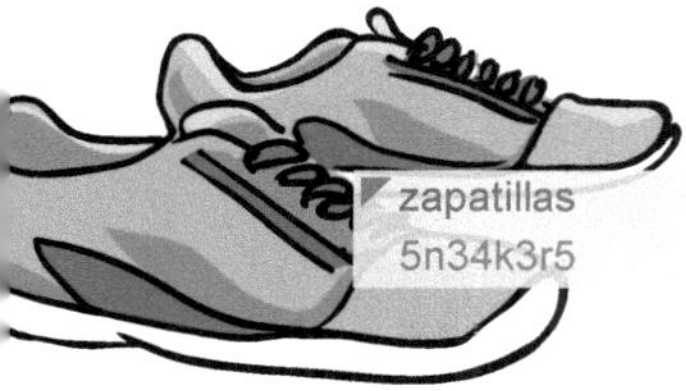

bufanda
5c4rf

paraguas
umbr3ll4

cinturón
b3l7

remera
7-5h1r7

zapatillas
5n34k3r5

botas
b0075

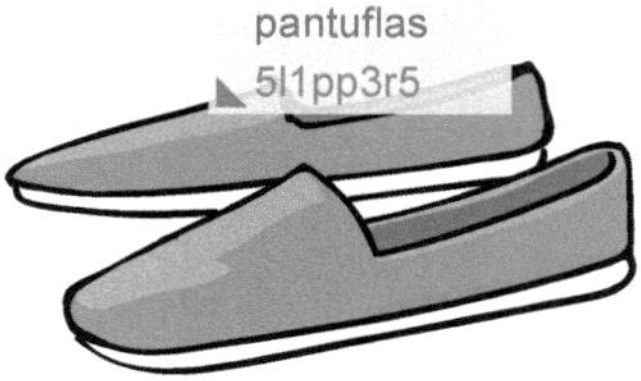

pantuflas
5l1pp3r5

sandalias

54nd4l5

zapatos

5h035

botas de goma

rubb3r b0075

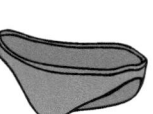

ropa interior

br13f5

corpiño

br4

chaleco

und3r5h1r7

body

b0dy

pantalones

p4n75

jeans

j34n5

pollera

5k1r7

blusa

bl0u53

camisa

5h1r7

pulóver

pull0v3r

buzo

5w3473r

blazer

bl4z3r

campera

j4ck37

tapado

c047

piloto

r41nc047

traje

c057um3

vestido

dr355

vestido de novia

w3dd1n6 dr355

traje

5u17

camisón

n16h760wn

pijama

p4j4m45

sari

54r1

pañuelo para cabeza

h34d5c4rf

turbante

7urb4n

burka

burk4

caftán

k4f74n

abaya

4b4y4

traje de baño

5w1m5u17

short de baño

7runk5

shorts

5h0r75

jogging

7r4ck5u17

delantal

4pr0n

guantes

6l0v35

botón

bu770n

anteojos

6l45535

pulsera

br4c3l37

collar

n3ckl4c3

anillo

r1n6

aro

34rr1n6

gorra

c4p

percha

c047 h4n63r

sombrero

h47

corbata

713

cierre

z1p

casco

h3lm37

tiradores

br4c35

uniforme escolar

5ch00l un1f0rm

uniforme

un1f0rm

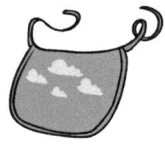

babero

b1b

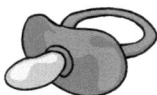

chupete

dummy

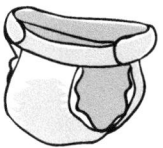

pañal

d14p3r

oficina

0ff1c3

servidor
53rv3r
archivero
f1l1n6 c4b1n37
impresora
pr1n73r
papel
p4p3r
monitor
m0n170r
mouse
m0u53
escritorio
d35k
carpeta
f0ld3r
teclado
k3yb04rd
tacho (de basura)
w4573-p4p3r b45k37
silla
ch41r
computadora
c0mpu73r

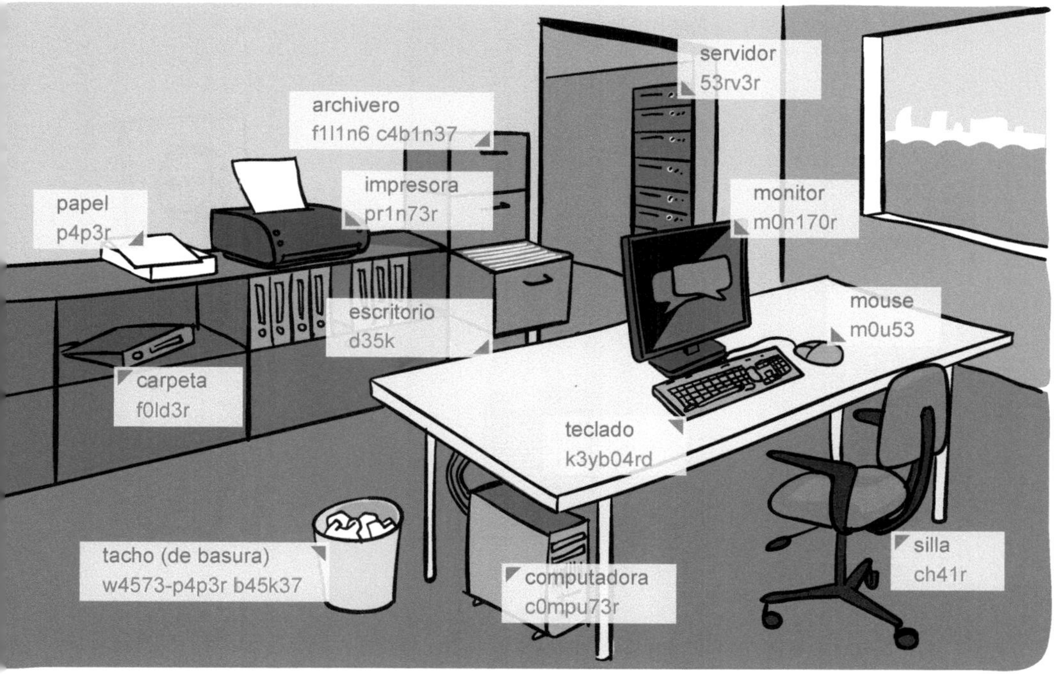

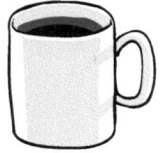

taza de café

c0ff33 mu6

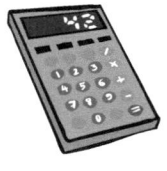

calculadora

c4lcul470r

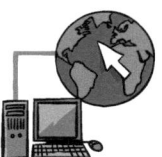

internet

1n73rn37

laptop

l4p70p

carta

l3773r

mensaje

m355463

celular

c3ll ph0n3

red

n37w0rk

fotocopiadora

ph070c0p13r

software

50f7w4r3

teléfono

73l3ph0n3

tomacorriente

plu6 50ck37

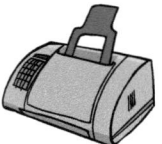

fax

f4x m4ch1n3

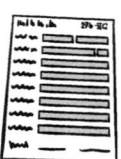

formulario

f0rm

documento

d0cum3n7

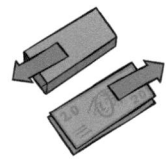

comprar

buy

pagar

p4y

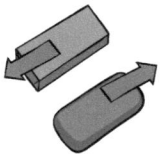

hacer negocios

7r4d3

dinero

m0n3y

USD

dólar

d0ll4r

EUR

euro

3ur0

JPY

yen

y3n

RUB

rublo

r0ubl3

CHF

franco suizo

5w155 fr4nc

CNY

yuan

r3nm1nb1 yu4n

INR

rupia

rup33

cajero automático

c45h p01n7

casa de cambio

curr3ncy 3xch4n63 0ff1c3

oro

60ld

plata

51lv3r

petróleo

01l

energía

3n3r6y

precio

pr1c3

contrato

c0n7r4c7

impuesto

74x

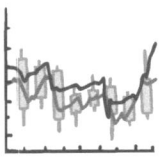

acción

570ck

trabajar

w0rk

empleado

3mpl0y33

empleador

3mpl0y3r

fábrica

f4c70ry

negocio

5h0p

ocupaciones
0ccup4710n5

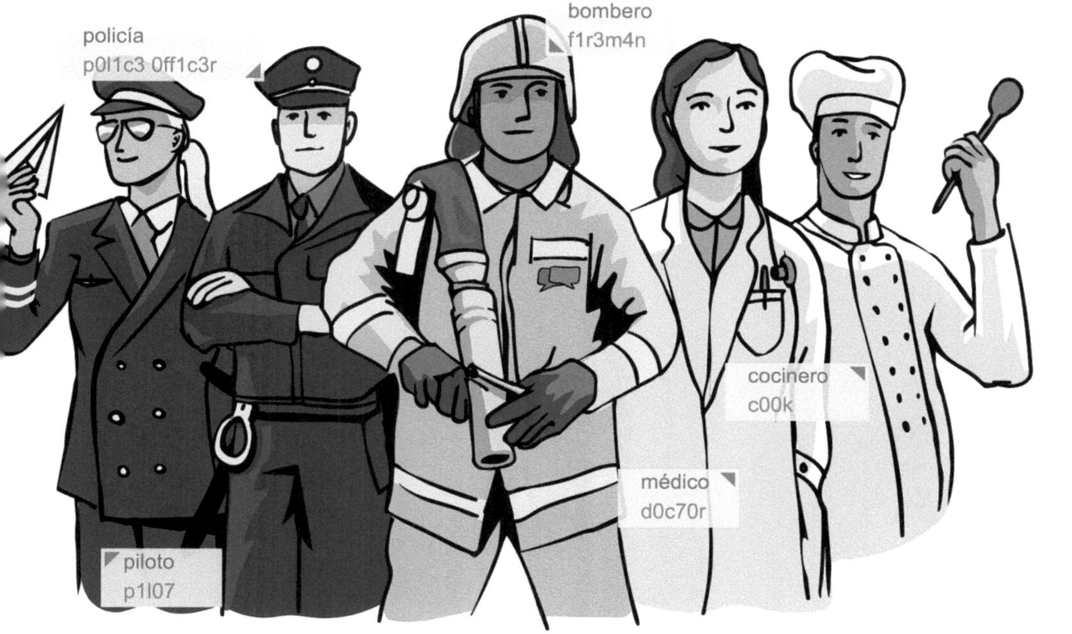
policía
p0l1c3 0ff1c3r
bombero
f1r3m4n
cocinero
c00k
médico
d0c70r
piloto
p1l07

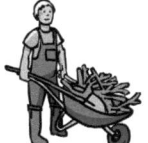

jardinero
64rd3n3r

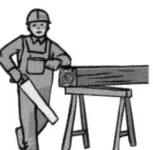

carpintero
c4rp3n73r

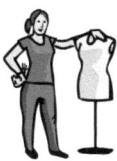

modista
534m57r355

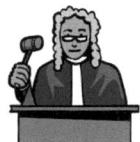

juez
jud63

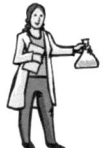

farmacéutico
ch3m157

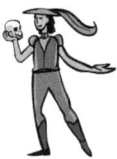

actor
4c70r

colectivero

bu5 dr1v3r

taxista

74x1 dr1v3r

pescador

f15h3rm4n

mucama

cl34n1n6 l4dy

techista

r00f3r

mozo

w4173r

cazador

hun73r

pintor

p41n73r

panadero

b4k3r

electricista

3l3c7r1c14n

albañil

bu1ld3r

ingeniero

3n61n33r

carnicero

bu7ch3r

plomero

plumb3r

cartero

p057m4n

soldado

50ld13r

arquitecto

4rch173c7

cajero

c45h13r

florista

fl0r157

peluquero

h41rdr3553r

cobrador

c0nduc70r

mecánico

m3ch4n1c

capitán

c4p741n

dentista

d3n7157

científico

5c13n7157

rabino

r4bb1

imán

1m4m

monje

m0nk

sacerdote

p4570r

herramientas
700l5

tenaza
pl13r5
martillo
h4mm3r
destornillador
5cr3wdr1v3r
llave
wr3nch
linterna
70rch

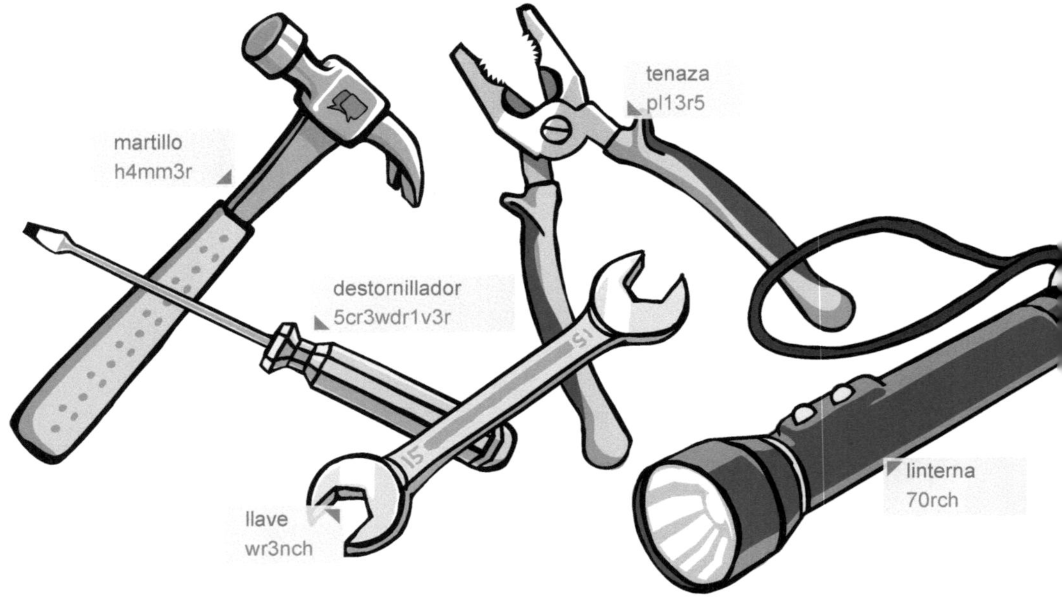

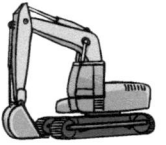

excavadora

3xc4v470r

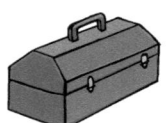

caja de herramientas

700lb0x

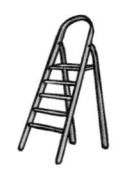

escalera portátil

l4dd3r

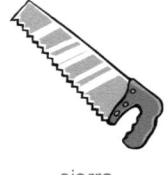

sierra

54w

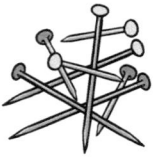

clavos

n41l5

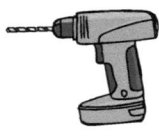

taladro

dr1ll

arreglar

r3p41r

pala de jardín

5h0v3l

¡Qué bronca!

d4mn!

pala de plástico

du57p4n

tacho de pintura

p41n7 c4n

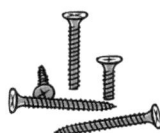

tornillos

5cr3w5

instrumentos musicales
mu51c4l 1n57rum3n75

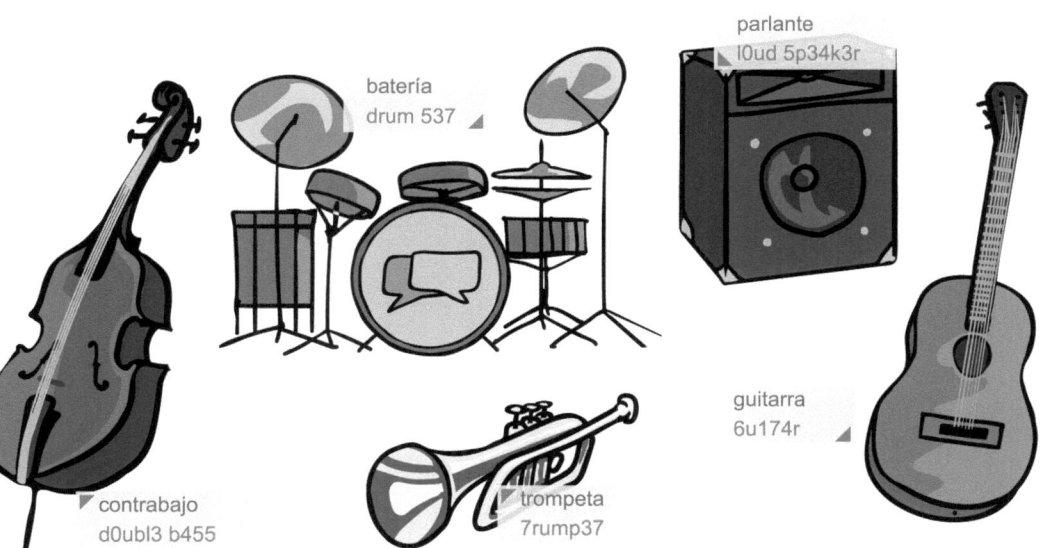

batería
drum 537

parlante
l0ud 5p34k3r

guitarra
6u174r

contrabajo
d0ubl3 b455

trompeta
7rump37

piano

p14n0

violín

v10l1n

bajo

b455

timbales

71mp4n1

tambor

drum5

teclado

k3yb04rd

saxofón

54x0ph0n3

flauta

flu73

micrófono

m1cr0ph0n3

zoológico

z00

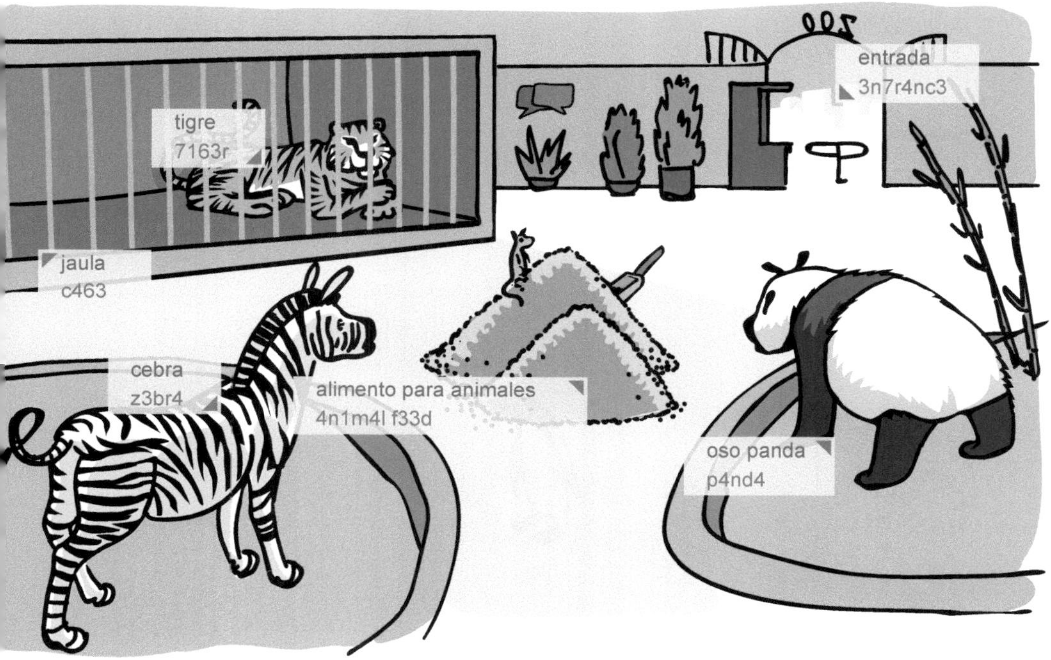

tigre
7163r
jaula
c463
entrada
3n7r4nc3
cebra
z3br4
alimento para animales
4n1m4l f33d
oso panda
p4nd4

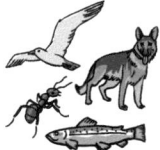

animales

4n1m4l5

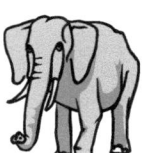

elefante

3l3ph4n7

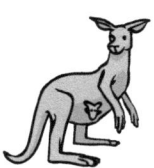

canguro

k4n64r00

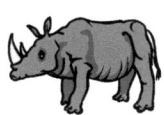

rinoceronte

rh1n0

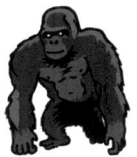

gorila

60r1ll4

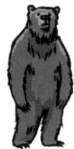

oso

b34r

camello

c4m3l

avestruz

057r1ch

león

l10n

mono

m0nk3y

flamenco

fl4m1n60

loro

p4rr07

oso polar

p0l4r b34r

pingüino

p3n6u1n

tiburón

5h4rk

pavo real

p34c0ck

serpiente

5n4k3

cocodrilo

cr0c0d1l3

cuidador del zoológico

z00k33p3r

foca

534l

jaguar

j46u4r

poni

p0ny

leopardo

l30p4rd

hipopótamo

h1pp0

jirafa

61r4ff3

águila

346l3

jabalí

b04r

pescado

f15h

tortuga

7ur7l3

morsa

w4lru5

zorro

f0x

gacela

64z3ll3

fútbol americano
4m3r1c4n f007b4ll

ciclismo
cycl1n6

tenis
73nn15

básquet
b45k37b4ll

natación
5w1mm1n6

boxeo
b0x1n6

hockey sobre hielo
1c3 h0ck3y

fútbol

50cc3r

bádminton

b4dm1n70n

atletismo

47hl371c5

handball

h4ndb4ll

esquí

5k11n6

polo

p0l0

saltar
jump

reír
l4u6h

abrazar
hu6

cantar
51n6

caminar
w4lk

soñar
dr34m

rezar
pr4y

besar
k155

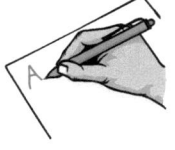

escribir

wr173

dibujar

dr4w

mostrar

5h0w

presionar

pu5h

dar

61v3

tomar

74k3

tener

h4v3

hacer

d0

ser

b3

estar parado

574nd

correr

run

tirar

pull

tirar

7hr0w

caer

f4ll

estar acostado

l13

esperar

w417

llevar

c4rry

estar sentado

517

vestirse

637 dr3553d

dormir

5l33p

despertar

w4k3 up

mirar

l00k 47

llorar

cry

acariciar

57r0k3

peinar

c0mb

hablar

74lk

entender

und3r574nd

preguntar

45k

escuchar

l1573n

beber

dr1nk

comer

347

ordenar

71dy up

amar

l0v3

cocinar

c00k

manejar

dr1v3

volar

fly

navegar

5411

calcular

c4lcul473

leer

r34d

aprender

l34rn

trabajar

w0rk

casarse

m4rry

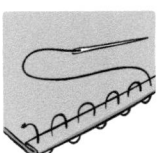

coser

53w

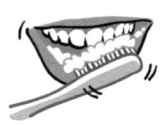

cepillarse los dientes

bru5h 7337h

matar

k1ll

fumar

5m0k3

enviar

53nd

familia
f4m1ly

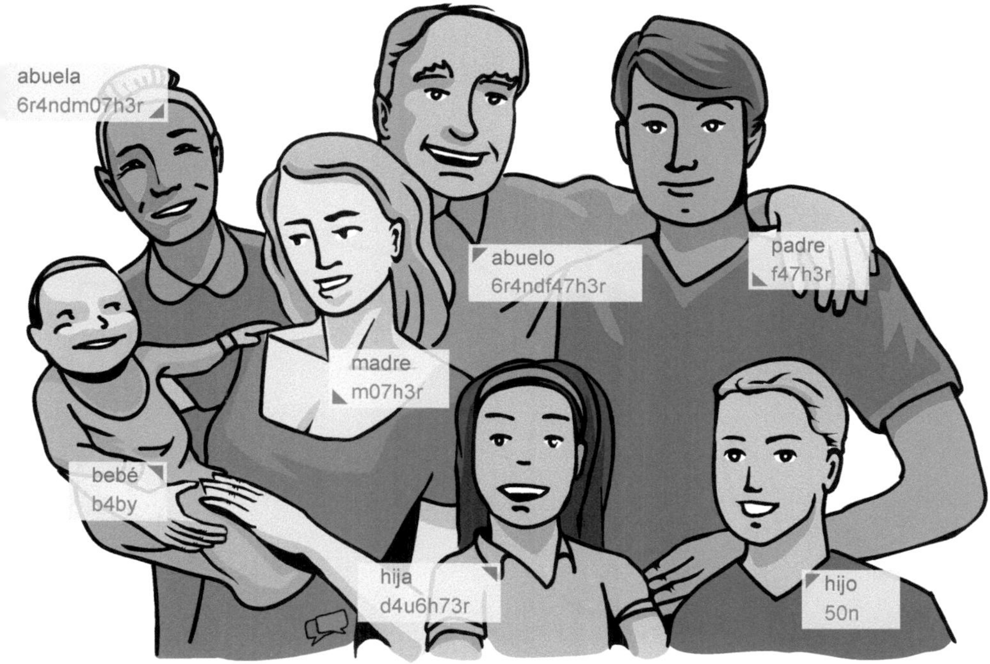
abuela
6r4ndm07h3r
abuelo
6r4ndf47h3r
padre
f47h3r
madre
m07h3r
bebé
b4by
hija
d4u6h73r
hijo
50n

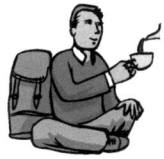

invitado

6u357

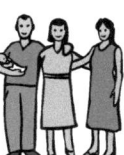

tía

4un7

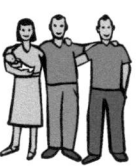

tío

uncl3

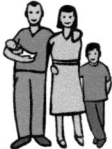

hermano

br07h3r

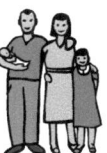

hermana

51573r

cuerpo
b0dy

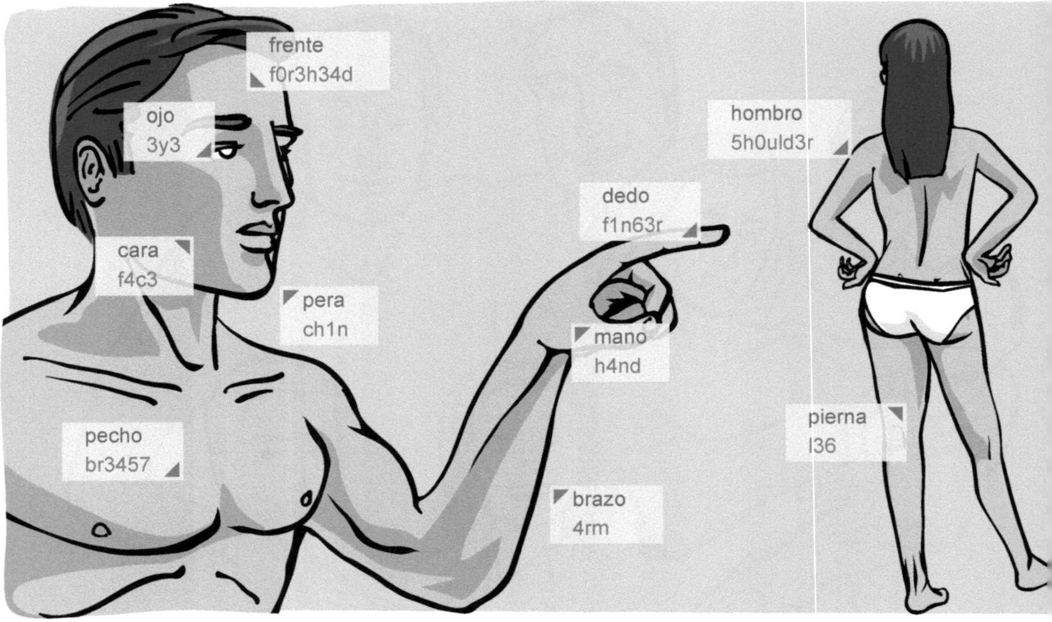

frente
f0r3h34d

ojo
3y3

hombro
5h0uld3r

dedo
f1n63r

cara
f4c3

pera
ch1n

mano
h4nd

pierna
l36

pecho
br3457

brazo
4rm

bebé

b4by

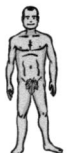

hombre

m4n

mujer

w0m4n

nena

61rl

nene

b0y

cabeza

h34d

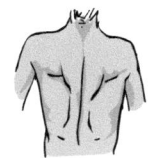

espalda

b4ck

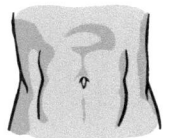

panza

b3lly

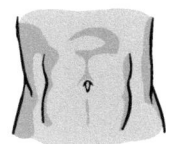

ombligo

n4v3l

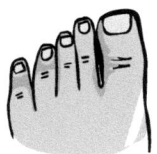

dedo del pie

703

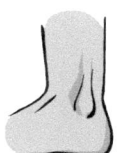

talón

h33l

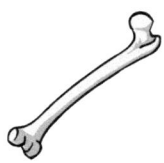

hueso

b0n3

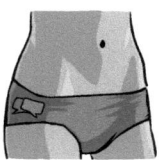

cadera

h1p

rodilla

kn33

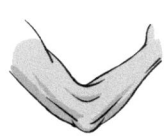

codo

3lb0w

nariz

n053

cola

bu770ck5

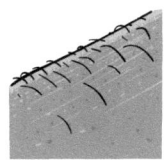

piel

5k1n

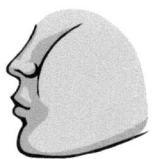

cachete

ch33k

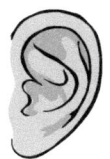

oreja

34r

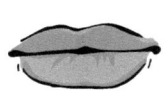

labio

l1p

boca

m0u7h

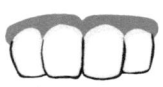

diente

7007h

lengua

70n6u3

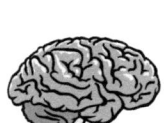

cerebro

br41n

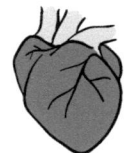

corazón

h34r7

músculo

mu5cl3

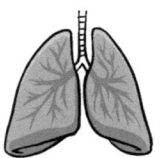

pulmón

lun6

hígado

l1v3r

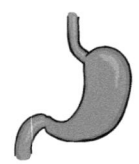

estómago

570m4ch

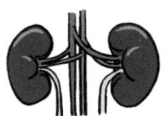

riñones

k1dn3y5

sexo

53x

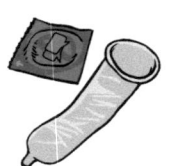

preservativo

c0nd0m

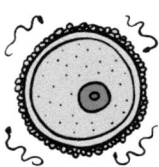

óvulo

0vum

semen

53m3n

embarazo

pr36n4ncy

cuerpo - b0dy

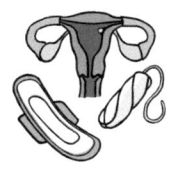

menstruación

m3n57ru4710n

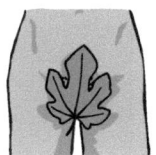

vagina

v461n4

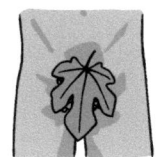

pene

p3n15

ceja

3y3br0w

pelo

h41r

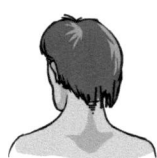

cuello

n3ck

hospital
h05p174l

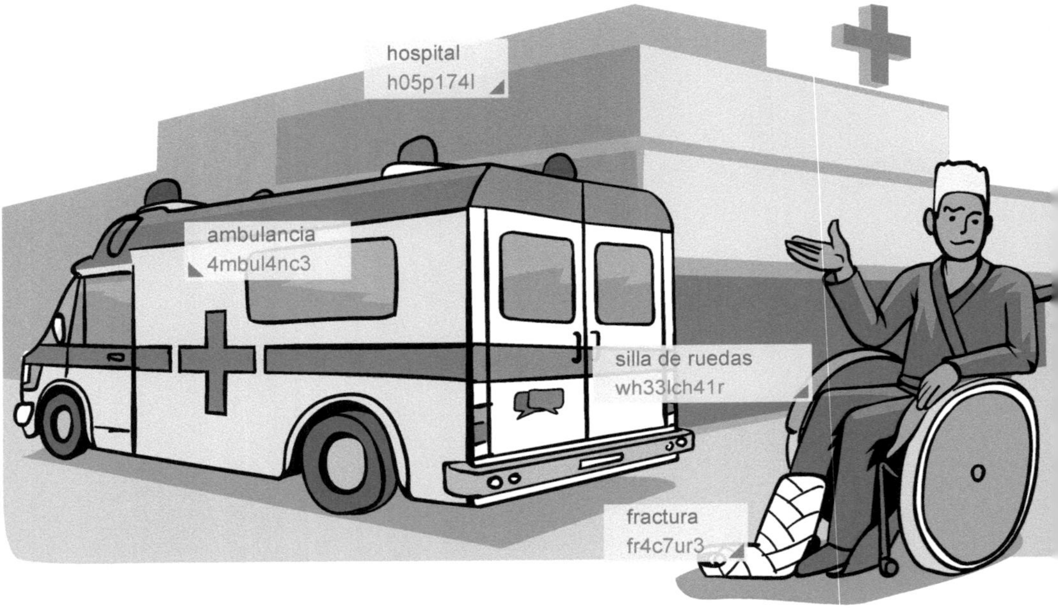

hospital
h05p174l
ambulancia
4mbul4nc3
silla de ruedas
wh33lch41r
fractura
fr4c7ur3

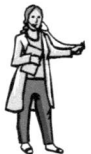

médico

d0c70r

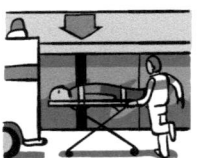

sala de guardia

3m3r63ncy r00m

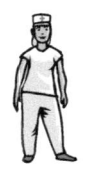

enfermera

nur53

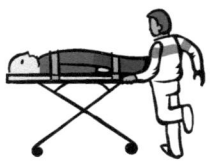

emergencia

3m3r63ncy

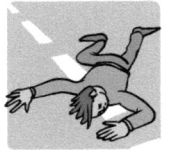

inconsciente

unc0n5c10u5

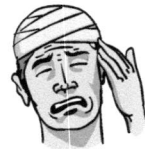

dolor

p41n

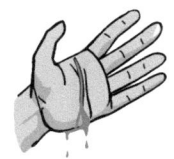

lesión

1njury

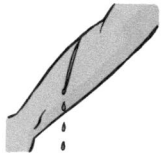

hemorragia

bl33d1n6

infarto

h34r7 4774ck

ACV

57r0k3

alergia

4ll3r6y

tos

c0u6h

fiebre

f3v3r

gripe

flu

diarrea

d14rrh34

dolor de cabeza

h34d4ch3

cáncer

c4nc3r

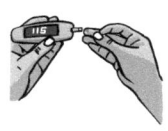

diabetes

d14b3735

cirujano

5ur630n

bisturí

5c4lp3l

operación

0p3r4710n

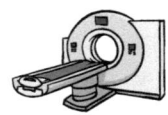

TC

c7

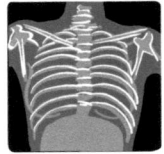

rayos x

x-r4y

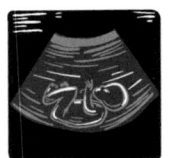

ecografía

ul7r450und

barbijo

f4c3 m45k

enfermedad

d153453

sala de espera

w4171n6 r00m

muleta

cru7ch

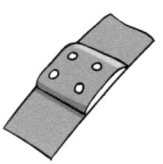

curita

pl4573r

venda

b4nd463

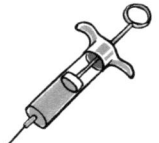

inyección

1nj3c710n

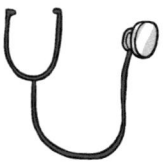

estetoscopio

5737h05c0p3

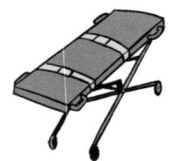

camilla

57r37ch3r

termómetro

cl1n1c4l 7h3rm0m373r

nacimiento

b1r7h

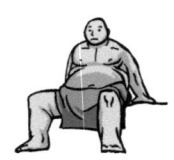

sobrepeso

0v3rw316h7

hospital - h05p174l

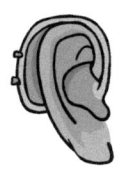

audífono

h34r1n6 41d

desinfectante

d151nf3c74n7

infección

1nf3c710n

virus

v1ru5

VIH / SIDA

h1v / 41d5

remedio

m3d1c1n3

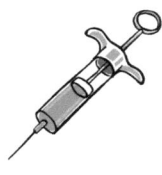

vacunación

v4cc1n4710n

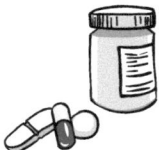

comprimidos

74bl375

pastilla anticonceptiva

p1ll

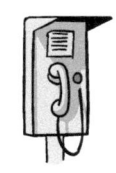

llamada de emergencia

3m3r63ncy c4ll

tensiómetro

bl00d pr355ur3 m0n170r

enfermo / sano

1ll / h34l7hy

¡Ayuda!  alarma		 agresión
h3lp!	4l4rm	4554ul7

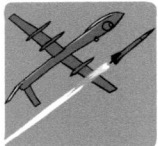

ataque

4774ck

peligro

d4n63r

salida de emergencia

3m3r63ncy 3x17

¡Fuego!

f1r3!

matafuego

f1r3 3x71n6u15h3r

accidente

4cc1d3n7

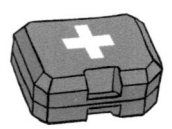

botiquín de primeros
auxilios

f1r57-41d k17

SOS

505

policía

p0l1c3

Europa

3ur0p3

América del Norte

n0r7h 4m3r1c4

América del Sur

50u7h 4m3r1c4

África

4fr1c4

Asia

4514

Australia

4u57r4l14

Atlántico

47l4n71c

Pacífico

p4c1f1c

Océano Índico

1nd14n 0c34n

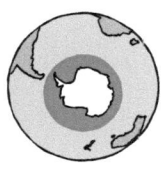

Océano Antártico

4n74rc71c 0c34n

Océano Ártico

4rc71c 0c34n

polo norte

n0r7h p0l3

polo sur

50u7h p0l3

Antártida

4n74rc71c4

Tierra

34r7h

tierra

l4nd

mar

534

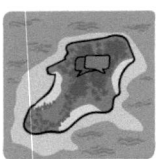

isla

15l4nd

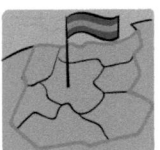

nación

n4710n

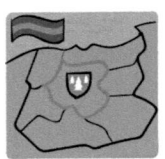

estado

57473

esfera

cl0ck f4c3

manecilla de las horas

h0ur h4nd

minutero

m1nu73 h4nd

segundero

53c0nd h4nd

¿Qué hora es?

wh47 71m3 15 17?

día

d4y

hora

71m3

ahora

n0w

reloj digital

d16174l w47ch

minuto

m1nu73

hora

h0ur

semana

w33k

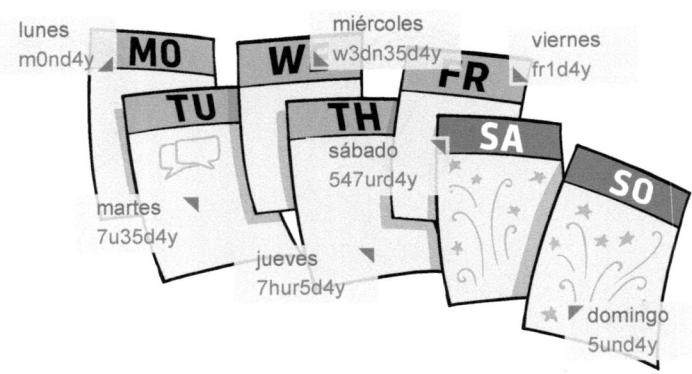

lunes
m0nd4y

miércoles
w3dn35d4y

viernes
fr1d4y

martes
7u35d4y

jueves
7hur5d4y

sábado
547urd4y

domingo
5und4y

ayer

y3573rd4y

hoy

70d4y

mañana

70m0rr0w

mañana

m0rn1n6

mediodía

n00n

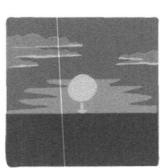

tarde

3v3n1n6

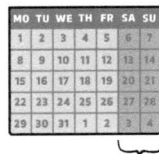

días hábiles

w0rkd4y5

fin de semana

w33k3nd

lluvia
r41n

arco iris
r41nb0w

viento
w1nd

nieve
5n0w

primavera
5pr1n6

otoño
f4ll

verano
5umm3r

invierno
w1n73r

4.APRIL	11°	☀
5.APRIL	4°	☁
6.APRIL	13°	☁
7.APRIL	8°	☀
8.APRIL	10°	☀

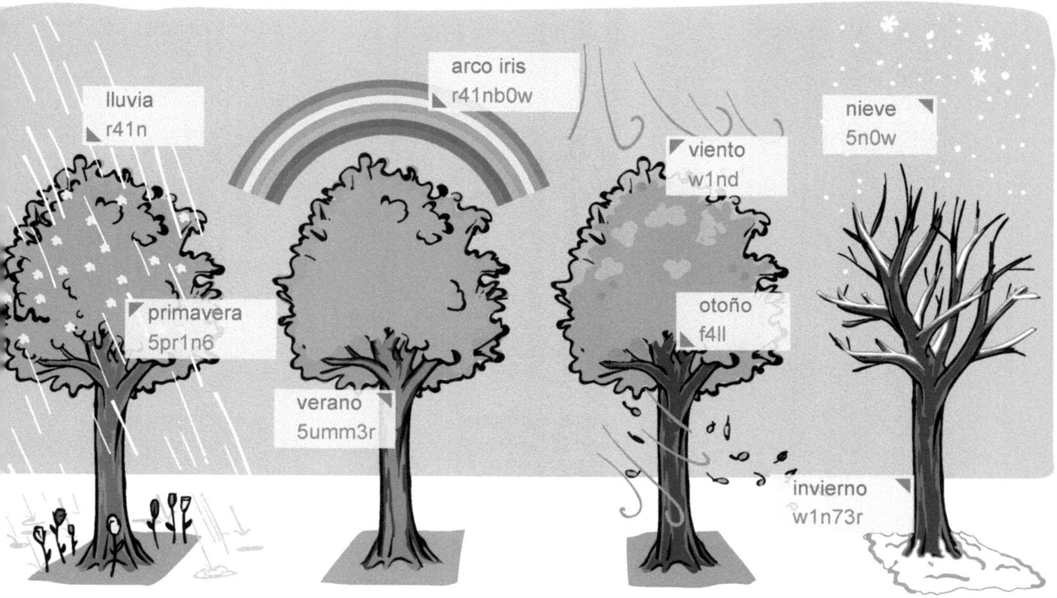

pronóstico meteorológico

w347h3r f0r3c457

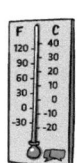

termómetro

7h3rm0m373r

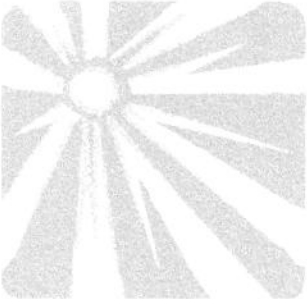

luz del sol

5un5h1n3

nube

cl0ud

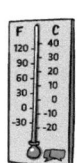

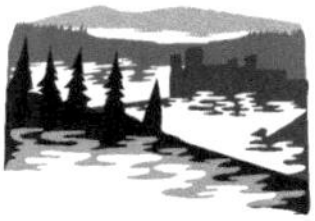

niebla

f06

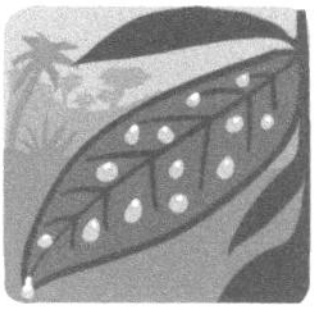

humedad

hum1d17y

rayo

l16h7n1n6

trueno

7hund3r

tormenta

570rm

granizo

h41l

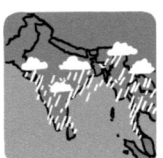

monzón

m0n500n

inundación

fl00d

hielo

1c3

enero

j4nu4ry

febrero

f3bru4ry

marzo

m4rch

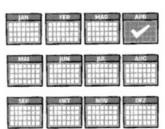

abril

4pr1l

mayo

m4y

junio

jun3

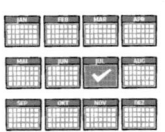

julio

july

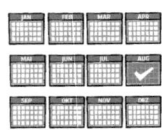

agosto

4u6u57

año - y34r

septiembre
....
53p73mb3r

octubre
....
0c70b3r

noviembre
....
n0v3mb3r

diciembre
....
d3c3mb3r

círculo
....
c1rcl3

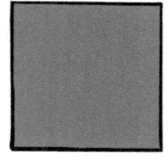

cuadrado
....
5qu4r3

rectángulo
....
r3c74n6l3

triángulo
....
7r14n6l3

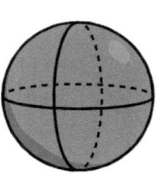

esfera
....
5ph3r3

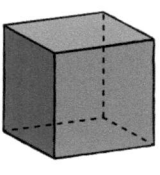

cubo
....
cub3

blanco

wh173

amarillo

y3ll0w

naranja

0r4n63

rosa

p1nk

rojo

r3d

violeta

purpl3

azul

blu3

verde

6r33n

marrón

br0wn

gris

6r4y

negro

bl4ck

mucho / poco

4 l07 / 4 l177l3

enojado / tranquilo

4n6ry / c4lm

lindo / feo

b34u71ful / u6ly

principio / fin

b361nn1n6 / 3nd

grande / chico

b16 / 5m4ll

claro / oscuro

br16h7 / d4rk

hermano / hermana

br07h3r / 51573r

limpio / sucio

cl34n / d1r7y

completo / incompleto

c0mpl373 / 1nc0mpl373

día / noche

d4y / n16h7

muerto / vivo

d34d / 4l1v3

ancho / angosto

w1d3 / n4rr0w

comestible / no comestible

3d1bl3 / 1n3d1bl3

malo / amable

3v1l / k1nd

entusiasmado / aburrido

3xc173d / b0r3d

gordo / flaco

f47 / 7h1n

primero / último

f1r57 / l457

amigo / enemigo

fr13nd / 3n3my

lleno / vacío

full / 3mp7y

duro / blando

h4rd / 50f7

pesado / liviano

h34vy / l16h7

hambre / sed

hun63r / 7h1r57

enfermo / sano

1ll / h34l7hy

ilegal / legal

1ll364l / l364l

inteligente / estúpido

1n73ll163n7 / 57up1d

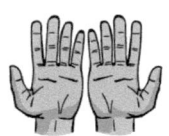

izquierda / derecha

l3f7 / r16h7

cerca / lejos

n34r / f4r

opuestos - 0pp051735

nuevo / usado

n3w / u53d

nada / algo

n07h1n6 / 50m37h1n6

viejo / joven

0ld / y0un6

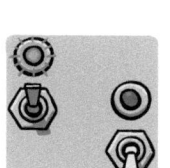

encendido / apagado

0n / 0ff

abierto / cerrado

0p3n / cl053d

silencioso / ruidoso

qu137 / l0ud

rico / pobre

r1ch / p00r

correcto / incorrecto

r16h7 / wr0n6

áspero / suave

r0u6h / 5m007h

triste / contento

54d / h4ppy

corto / largo

5h0r7 / l0n6

lento / rápido

5l0w / f457

mojado / seco

w37 / dry

caliente / frío

w4rm / c00l

guerra / paz

w4r / p34c3

0	**1**	**2**
cero	uno	dos
z3r0	0n3	7w0

3	**4**	**5**
tres	cuatro	cinco
7hr33	f0ur	f1v3

6	**7**	**8**
seis	siete	ocho
51x	53v3n	316h7

9	**10**	**11**
nueve	diez	once
n1n3	73n	3l3v3n

12
doce
7w3lv3

13
trece
7h1r733n

14
catorce
f0ur733n

15
quince
f1f733n

16
dieciséis
51x733n

17
diecisiete
53v3n733n

18
dieciocho
316h733n

19
diecinueve
n1n3733n

20
veinte
7w3n7y

100
cien
hundr3d

1.000
mil
7h0u54nd

1.000.000
millón
m1ll10n

inglés

3n6l15h

inglés americano

4m3r1c4n 3n6l15h

chino mandarín

ch1n353 m4nd4r1n

hindi

h1nd1

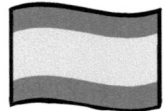

español

5p4n15h

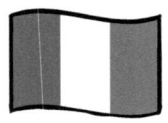

francés

fr3nch

árabe

4r4b1c

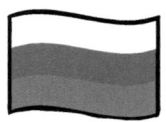

ruso

ru5514n

portugués

p0r7u6u353

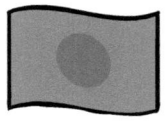

bengalí

b3n64l1

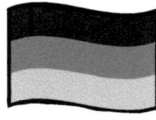

alemán

63rm4n

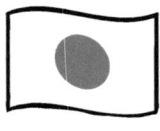

japonés

j4p4n353

yo

1

vos

y0u

él / ella

h3 / 5h3 / 17

nosotros

w3

ustedes

y0u

ellos

7h3y

¿quién?

wh0?

¿qué?

wh47?

¿cómo?

h0w?

¿dónde?

wh3r3?

¿cuándo?

wh3n?

nombre

n4m3

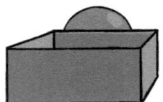

detrás

b3h1nd

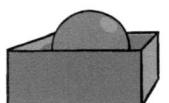

en

1n

adelante de

1n fr0n7 0f

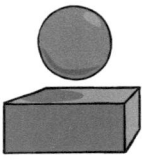

por encima de

0v3r

sobre

0n

debajo de

und3r

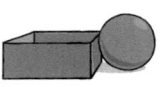

al lado de

b351d3

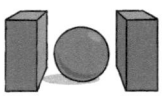

entre

b37w33n

lugar

pl4c3